Ferdinand BUISSON

L'ÉCOLE ET LA NATION
EN FRANCE

Extrait de l'Année Pédagogique. 1913.

L'ÉCOLE ET LA NATION

EN FRANCE

L'Allemagne a célébré cette année, avec un légitime orgueil, le centenaire d'une des plus grandes victoires morales que l'histoire ait enregistrées. Le miracle de 1813, c'est la résurrection d'un peuple par sa propre et seule volonté. Vaincue, écrasée, condamnée à une humiliation pire que l'anéantissement, la Prusse, au lieu de désespérer d'elle-même, a résolu de se redresser sur l'heure et dans un rôle infiniment agrandi, comme évocatrice de la patrie allemande.

On n'a peut-être pas assez remarqué l'analogie, presque le parallélisme, entre deux pages d'histoire : l'Allemagne au lendemain d'Iéna, la France au lendemain de Sedan. Malgré la différence des temps, c'est bien le même spectacle, celui d'un effort prenant son point d'appui dans l'âme des vaincus et faisant jaillir, au delà de toute vraisemblance, le changement des choses du changement des esprits.

Pour donner le signal du relèvement, nous n'avons pas eu Fichte et les *Discours à la nation allemande*. Mais Fichte lui-même s'inspirait de Condorcet. Et dans un autre langage, avec d'autres images, il s'appropriait les grandes audaces idéalistes de la Révolution française.

Nous aussi, après 1870, nous les avons reprises et comme découvertes à nouveau. Et chez nous, aussi bien que chez les compatriotes de Fichte, l'originalité fut de demander le salut de la patrie à la force en apparence la moins faite pour un pareil rôle, à celle dont l'action est par définition la plus modeste, la plus douce, la plus lointaine : à l'éducation.

Ce paradoxe, si éloquemment prêché dans les quatorze fameux *Discours*, notre troisième République l'a patiemment rédigé en textes de loi : elle en a fait le nerf de sa politique, le lien de ses institutions.

Nous sommes déjà assez loin du moment où s'accomplit cette rénovation à la fois spontanée et réfléchie pour pouvoir peut-être l'envisager avec le recul nécessaire. Essayons d'en juger l'inspiration et d'en apprécier au moins les premiers résultats.

Que faut-il donc penser du mouvement général de l'éducation en France depuis quarante ans ? Quels en furent les traits caractéristiques ? Et qu'est-il permis d'en augurer pour l'avenir immédiat ou prochain ?

I

Le premier caractère, peut-être le seul, qui soit vraiment commun à ces deux efforts de régénération par l'école, c'est que l'Allemagne il y a cent ans, la France de nos jours y virent tout d'abord essentiellement un acte de dévouement à la patrie, une mesure de salut public, le premier geste libérateur.

L'une et l'autre obéissaient tout ensemble à un élan vital irrésistible comme l'instinct et à un plan très méthodiquement conçu. Au fond de ce plan, comme de cet instinct, s'affirmait une force en révolte contre la force des choses, une volonté de vivre qui tenait tête à la sentence de mort. Le point de départ d'une destinée nouvelle était ce refus d'accepter le fait accompli. Celui-là seul est vaincu qui prend l'âme d'un vaincu. Il y a un lendemain possible pour qui proteste, il n'y en a pas pour qui se résigne.

De là, tout au début, dans chacun de ces deux mouvements à soixante ans de distance, le même ton, la même allure de patriotisme exacerbé, militant, militariste. A cette minute, un mot dit tout, il le semble du moins : la « revanche », mot qu'il ne faudrait pas juger avec les idées et les sentiments qu'on aura trente ans plus tard.

Il faut se demander ce qu'eût été le moral d'un peuple chez qui n'aurait pas vibré instantanément, au lendemain du désastre, ce cri de révolte, ce cri d'espoir quand même, poignant, farouche, brutal. On manquerait de justice envers les premiers disciples de Fichte comme envers les premiers manifestants de la « Ligue des patriotes » en leur reprochant la véhémence de certains propos, l'outrance de certaines attitudes. Que plus tard le nationalisme ait parfois dénaturé, parfois exploité pour des fins politiques les généreux emportements de la première heure, qu'importe ? A leur heure, il y a des exaspérations qui sont la sagesse même sous les dehors de la folie.

II

Mais ici doit s'arrêter le parallèle entre les deux pays. La différence profonde des deux régimes politiques devait y faire évoluer dans des conditions et avec des fortunes très diverses le principe de la réforme nationale par l'éducation. Renonçons donc à la comparaison, et ne parlons plus que de la France.

En France, c'est l'esprit républicain qui s'empara de la réforme scolaire et qui lui imprima sa marque.

De la conception elle-même, il est difficile de nier la noblesse. Qu'il nous soit permis d'essayer, dans une esquisse toute schématique, d'en fixer quelques traits.

D'abord, à la différence des gouvernements monarchiques, la République ne peut se borner à des manifestations verbales. « Prodiguer au peuple les bienfaits de l'instruction », c'est ce que la Restauration et le Gouvernement de Juillet s'imaginaient avoir fait, et ils n'avaient rien fait. C'est l'honneur des démocraties, ce fut celui de la démocratie française de voir enfin la réalité, de découvrir pour tout de bon que l'éducation est la première des œuvres nationales et de le prouver tout d'abord en l'inscrivant largement au budget national.

Cette imputation sur les deniers publics est autre chose que les libéralités de monarques ou de classes dirigeantes. Elle souligne un fait nouveau : la conscience que prend le pays d'un devoir national quant à l'instruction publique.

C'est par l'enseignement populaire que la République, comme il était naturel, a commencé. A peine la libération du territoire achevée, elle abordait courageusement l'énorme effort financier que nécessitait la construction des maisons d'école ajournée de génération en génération. En moins de dix ans plus d'un demi-milliard de francs — votés, il faut s'en souvenir, *à l'unanimité* des Chambres françaises — transforma notre outillage scolaire. C'était plus encore la situation morale de l'école que sa condition matérielle que l'on changeait en mettant, comme on disait alors, l'école dans ses meubles, gage d'installation définitive. Les partis de réaction ne tardèrent pas à s'émouvoir : ils menèrent une campagne bruyante contre les « palais scolaires. » Cette ineptie est tombée toute seule.

Mais le devoir national n'est pas seulement une dette budgétaire : il a en même temps une expression législative. La République rendait l'école publique gratuite dès 1881 ; dès 1882 elle proclamait l'instruction primaire obligatoire.

Entre beaucoup de préventions contre la politique scolaire des démocraties, une des plus courantes est de leur attribuer une prédilection pour l'enseignement populaire qui n'irait pas sans une certaine indifférence pour l'instruction des enfants des familles riches. Quel démenti donne à cette allégation l'histoire de la démocratie française ! Nul régime n'a fait plus, n'a fait autant pour l'enseignement secondaire ; la part des lycées et des collèges n'a pas été, en proportion, moins généreusement mesurée que celle des écoles primaires. Et, là précisément, la République a ouvert avec autant de bonheur que de hardiesse un chapitre nouveau. C'est elle qui a créé l'enseignement secondaire des jeunes filles, dont le moins qu'on puisse dire est que le pays lui a fait un accueil dépassant toutes les espérances.

Et quant à l'enseignement supérieur, il suffit de prononcer ce nom nouveau : les « Universités françaises », pour démontrer que le régime démocratique est, de tous, celui qui a su le mieux estimer à son juste prix la haute science, la science pure, la science, comme certains aiment à dire, désintéressée. Ce sont les municipalités républicaines, radicales, voire socialistes qui ont donné l'exemple des plus remarquables initiatives en faveur de l'enseignement savant avec l'unanime et constant assentiment de ces masses populaires que, pour un peu, des juges superficiels ou prévenus déclaraient incapables de s'élever à une si large compréhension du rôle social des hautes études.

Est-ce tout ? Il reste un autre ordre d'études, un nouveau cycle de la culture nationale, longtemps méconnu sinon ignoré, qui représente une seconde partie, non la moins importante, de la dette de la société d'aujourd'hui envers la société de demain ; c'est l'instruction et aussi l'éducation qu'on appelle post-scolaire par allusion à l'école primaire et qu'on nomme professionnelle par allusion à l'objet de l'enseignement. C'est l'école primaire obligatoire de l'adolescence ouvrière, qui doit se poursuivre avec et pendant l'apprentissage, qui doit en être en quelque sorte l'accompagnement théorique indispensable. Cela, aussi et surtout, répond à une préoccupation qui n'a pris une intensité décisive que sous la poussée de l'esprit démocratique et à la faveur des institutions républicaines.

Sans doute sur ce point, la France est loin de pouvoir prétendre au premier rang. Il est même difficile de se dissimuler l'énorme avance qu'elle a laissé prendre à plusieurs de ses voisins. Mais, pour être venue la dernière, cette partie du programme n'en est pas moins inscrite aujourd'hui comme le complément nécessaire de l'œuvre éducative de la France.

III

Voilà, mais vue du dehors et par ses caractères extérieurs, l'œuvre scolaire de la troisième République.

Il reste à y pénétrer, si l'on veut en saisir l'esprit. Qu'estelle, que veut-elle au fond et que vaut-elle, cette éducation nationale sur laquelle notre pays a fondé tant d'espérances ?

Ici nulle hésitation n'est possible. C'est une œuvre qui est bien *sui generis*. Qu'on l'admire ou qu'on le déplore, c'est un type original que celui de l'éducation française. Et c'est bien celui de la première Révolution, longtemps oublié, taxé tour à tour d'utopie et d'impiété, écarté par tous nos gouvernements, la République seule exceptée, inconnu, incompris, insoupçonné hors de France.

C'est l'école *laïque* au sens que donnent à ce mot nos lois et nos mœurs. Il n'est pas superflu de s'en expliquer.

L'idée inspiratrice de l'école laïque française n'est pas, comme on le croit parfois, une idée antireligieuse. C'est plutôt l'application — appropriée aux pays catholiques — des principes de la *free school* américaine.

Du moment que la nation a reconnu qu'elle doit à tous ses enfants un minimum de culture, sans lequel l'homme n'est pas apte à remplir sa fonction de citoyen, une question se pose : ce minimum se compose-t-il exclusivement des connaissances rudimentaires qui permettent la communication des hommes entre eux : lire, écrire, compter ? ou bien comprend-il aussi quelques données fondamentales d'instruction morale et civique ? Et si ces données sont nécessaires, où les trouver ? Comment les transmettre ? À qui en confier le soin, et sous quel contrôle ?

La réponse de la République a été nette, ferme et constante. Il y a des notions premières, bases de tout ordre moral et social, que chaque génération doit léguer à la suivante comme la part la plus précieuse du patrimoine humain. La nation ne peut s'en désintéresser. Elle ne peut se décharger sur aucun intermédiaire du devoir de les transmettre intactes, pures et complètes. Que la famille, que l'Eglise, que la société politique réclament le droit de faire prévaloir dans cette partie de l'éducation commune leurs vues propres et leurs préférences, rien de plus naturel. Mais que l'Etat s'en dessaisisse et qu'il s'avoue, soit indifférent soit incompétent, ce serait se dérober à sa fonction.

D'où cette conséquence : l'école laïque enseignera la morale, ou, plus exactement, l'école laïque enseignera ceux des éléments de la morale qui ne souffrent aucune discussion, qui, de fait, ne prêtent à aucune controverse entre les hommes, que tous les hommes souhaitent de voir enseigner à leurs enfants comme l'ABC d'un art que tous ont besoin d'apprendre, l'art de vivre en honnêtes gens et en bons citoyens.

Tel est le principe infiniment modeste, mais singulièrement neuf, que la démocratie française a introduit dans la notion même d'école et d'éducation publique.

Évidemment, il suppose admise la possibilité de cet enseignement élémentaire de la morale, c'est-à-dire l'existence de règles de conduite si communes et si générales, si impératives à la fois et si banales, que la plus humble école ait le droit de les prescrire, que le premier venu parmi les honnêtes gens soit en état de les énoncer comme des axiomes pratiques et qu'enfin pas un père de famille ne puisse songer à s'offusquer qu'on les enseigne à ses enfants.

En d'autres termes, il y aurait donc — du moins à ce degré et pour ce niveau d'enseignement — une *morale indépendante* ou, pour parler plus exactement, une première éducation morale indépendante des religions positives, indépendante même des diverses conceptions métaphysiques. Telle est bien la prétention des fondateurs de l'école laïque, en 1880 comme en 1789.

Convenons-en, cette nouveauté a si peu surpris, si peu heurté le sentiment public que cette révolution pédagogique s'est accomplie non seulement sans guerre civile, sans troubles dans le pays, mais comme une suite naturelle du régime républicain.

. Depuis trente ans que l'école primaire française n'est plus confessionnelle, n'est plus ouverte aux ecclésiastiques, ne fait plus figurer la religion dans son programme, nombreuses ont été les consultations nationales qui ont permis à l'opinion publique de se prononcer. Et malgré les protestations, les doléances, les attaques traditionnelles de l'Eglise appuyée par les divers partis d'opposition, à toutes les élections, sans un instant d'hésitation, le verdict du pays a toujours été, à une immense majorité, favorable à l'école laïque.

Et si l'on ajoute que l'enseignement secondaire des deux sexes est animé du même esprit, que les services religieux n'en font plus partie, puisqu'ils ont, même dans les internats, un caractère strictement privé et familial, c'est bien un système complet d'éducation non confessionnelle que la République a institué.

Ce système de laïcité intégrale a eu son couronnement dans les deux lois de 1904 et de 1905 : l'une, qui supprima les congrégations enseignantes : l'autre, qui établit la séparation des Eglises et de l'Etat.

Ainsi s'est constitué de toutes pièces en France un système d'éducation qui mérite bien de s'appeler national. Il est l'œuvre exclusive de la nation, il est fait à son image, il affirme sa souveraineté en même temps qu'il la limite : les pouvoirs de la nation finissent où commencent ceux de la conscience.

Mais précisément avec ce régime nouveau, de nouvelles questions se posent. Et des difficultés imprévues vont naître du triomphe même de la méthode laïque, libérale et républicaine.

IV

Ceux qui avaient cru que l'Eglise catholique dépouillée de son prestige officiel perdrait le meilleur de sa puissance se sont trompés. Ils avaient oublié d'abord la merveilleuse facilité d'appropriation dont elle a fait preuve à travers l'histoire, ensuite et surtout les ressources nouvelles qui lui viendraient infailliblement du régime de liberté devenu le droit commun.

Il était inévitable, en effet, que la démocratie en s'affirmant suscitât des formes multiples d'opposition : ici la protestation théorique au nom du principe d'autorité, là la résistance tenace des intérêts lésés ou menacés, des privilèges sacrifiés au rêve égalitaire, ailleurs le murmure des inquiétudes sincères ou non, des doutes, des craintes en présence de ce déploiement effréné des droits de l'homme et des droits du peuple que tant de siècles s'étaient appliqués à restreindre par une savante discipline et dont la Révolution encourage le libre essor. A tous les mécontents, l'Eglise donne ce qui leur manque, un centre, un lien, un plan, une méthode, une direction. Elle est le noyau autour duquel fatalement doivent venir se grouper pour l'action toutes les forces conservatrices.

De quelle hauteur ne les domine-t-elle pas, avec l'unité de sa doctrine, la majesté de sa tradition, l'autorité de son rôle divin, la puissance de son organisation ?

Il fallait donc s'attendre à un déplacement du lieu et des conditions de ce combat, tant de fois séculaire dans les pays catholiques, entre la société religieuse et la société civile.

Pour ne parler que des choses scolaires, seules ici en question, l'Eglise prit son parti avec une admirable décision.

Elle a perdu les congrégations enseignantes, cet incomparable instrument de ses conquêtes pédagogiques : elle s'en passera, tout en dénonçant l'excès de la persécution qui la frappe.

Elle a perdu le budget des cultes, elle a de plus perdu volontairement les biens d'Eglise qu'on lui offrait de garder en gardant les fabriques sous le nom de cultuelles : en échange elle a gagné la liberté.

Pour elle que signifie ce mot ? Il veut dire : *liberté des cultes,* puisqu'elle est à nouveau garantie par la loi de séparation ; *liberté d'association,* puisque la loi de 1901 n'en excepte aucune autre forme que les congrégations non autorisées et la loi de 1905 que les congrégations enseignantes : *liberté d'enseignement* enfin, puisque les lois Ferry consacrent l'existence des écoles privées et leur autonomie relative.

Il ne s'agit plus que de donner à ces trois mots une interprétation catholique, et aussitôt une ère nouvelle s'ouvre aux ambitions de l'Eglise.

Etant une société parfaite, ayant tous les pouv   s non seulement d'un gouvernement mais du seul gouvernement divinement institué, l'Eglise ne peut comprendre les trois libertés que nous venons de rappeler que comme trois carrières ouvertes à l'exercice de son pouvoir, c'est-à-dire du pouvoir absolu, car il n'est rien s'il n'est pas tout.

La liberté des cultes qu'elle réclame, c'est le droit d'affirmer son infaillibilité, d'exiger de ses fidèles l'obéissance intégrale,

de son clergé la discipline absolue, du gouvernement l'absten-
tion de tout acte qu'elle déclarerait attentatoire à ses croyances
ou à ses prérogatives, étant entendu qu'elle est seule juge du
cas.

La liberté d'association, c'est le droit d'appliquer toutes les
formes de l'association religieuse — ecclésiastique, laïque ou
mixte — à tous les objets qu'il lui plaira de lui assigner en se
réservant à elle seule de les diriger toutes avec une rigueur
d'autorité plus que monarchique, plus que militaire.

La liberté d'enseignement enfin, ce n'est pas la liberté individuelle des parents ou des instituteurs agissant isolément,
c'est le droit pour elle de constituer et de gouverner à son gré,
tout un monde scolaire en couvrant le pays d'un réseau
d'écoles qui ne connaîtront d'autres lois que la sienne.

Il est clair que si l'Etat accepte cette interprétation du mot
et cette pratique de la chose, l'Eglise a beau jeu, elle peut tout
espérer : ce qu'elle n'a pu obtenir de nos rois sous le nom de
privilèges, elle l'arracherait à la République sous celui de
libertés.

Mais l'instinct populaire ne s'y est pas trompé. Surpris,
irrité par cette tactique si souple et si hardie, il entend bien
n'en être ni dupe, ni complice. De là, les menaces qui commencent à retentir, en réponse à celles des évêques. De là,
cette préoccupation d'une « défense laïque » dont l'idée même,
il y a quelques années, eût été accueillie comme un anachro-
nisme. De là, enfin, la reprise sous diverses formes de la thèse
du monopole de l'enseignement.

V

Quelle va être la politique scolaire de la République dans
cette seconde phase de la lutte où nous entrons ?

Deux méthodes lui sont offertes.

La plus simple et la plus efficace, prétend-on, consisterait
en un certain nombre de mesures énergiques tendant à sup-

primer, en ce qui touche l'Eglise, tout ou partie des trois libertés ci-dessus énumérées.

On entreprendrait de surveiller la parole du prêtre en chaire, les propos du confesseur, les manifestations parfois retentissantes où, sous tous les prétextes, l'Eglise excelle à dérouler ses gros bataillons, ne fût-ce que pour les tenir en haleine ou pour impressionner l'imagination des spectateurs.

On entreprendrait de limiter, de réglementer les innombrables associations par lesquelles l'Eglise ne désespère pas de remplacer avec succès ses milices congréganistes, à commencer par les associations dites de pères de famille, simple paravent du clergé.

On entreprendrait, enfin, ou d'abolir ou de réduire à une existence précaire tout cet enseignement privé dont la prospérité fait l'orgueil du monde catholique : en fait et en droit, l'Etat seul enseignerait.

N'hésitons pas à le dire : ce retour à la « manière forte », à la politique césarienne, à l'emploi des grands moyens de gouvernement serait tout le contraire d'un progrès. En s'y résignant, la République ferait un aveu d'impuissance, elle se renierait elle-même. Ce serait bien autre chose que l'abandon d'une tactique ou d'une ligne de conduite politique. En condamnant ses principes mêmes, elle frapperait d'un irrémédiable discrédit ses lois, ses œuvres, ses institutions.

Aussi, ne croyons pas qu'il y ait lieu de s'arrêter à cette hypothèse. On a bien pu l'envisager dans des moments d'impatience et sous l'empire d'une colère parfois trop justifiée. Mais le pays, qui est le grand juge, n'est pas décidé à se jeter dans une telle aventure. Et, il imposera aux gouvernants d'aujourd'hui ou de demain la fidélité pure et simple à l'autre méthode.

L'autre méthode, d'allure moins belliqueuse et surtout de caractère moins simpliste, c'est celle qui a constamment prévalu en France depuis trente ans. Nous sommes sur le seul bon terrain, il faut nous y tenir, sans nous en laisser détourner par les feintes de l'adversaire qui a intérêt à nous le faire quitter.

Il ne faut abandonner ni la *laïcité*, ni la *liberté*. Ce sont les deux colonnes de l'enseignement républicain. Contre ces deux idées maîtresses et caractéristiques, on débite de droite et de gauche des sophismes qu'il importe de combattre. Essayons donc, en terminant, de préciser ces deux mots qui résument toute la doctrine scolaire de la France.

La *laïcité* d'abord. L'esprit laïque, qui est celui de notre école publique à tous les degrés, ne se justifie pas seulement par un parti pris de tolérance mutuelle qui, certes, aurait sa raison d'être. Il a une autre portée. C'est, avant tout, un acte de foi dans la puissance de l'esprit.

Toute notre conception pédagogique repose sur ce postulat : qu'il y a une affinité naturelle — mystérieuse comme tout ce qui est naturel — entre l'âme humaine et la vérité : vérité intellectuelle qui s'impose à l'esprit, vérité morale qui subjugue la conscience, vérité esthétique qui touche le cœur. L'école laïque croit à toutes ces forces invisibles et invincibles : elle y croit tellement qu'elle veut les laisser agir, sûre que l'homme n'y résistera pas.

Elle croit même que, pour toutes ces formes de l'idéal, il y a dès l'enfance une sorte de première intuition capable d'en saisir les éléments et d'en recevoir la bienfaisante action dans l'humble mesure que comporte la nature de l'enfant. Et, en conséquence, elle aspire à placer tous les enfants dans une atmosphère de paix et de lumière où tous ensemble, fraternellement comme les fils d'une même mère, ils seront incités à chercher le vrai, à aimer le beau, à vouloir le bien sans être pour cela parqués en autant de petits groupes distincts et rivaux qu'il y a de systèmes différents sur le beau, le bien, ou le vrai.

Le moment viendra assez vite où ils se sépareront, comme leurs pères, entre les églises et entre les partis qui se combattent. Mais, il est un âge où l'on ne peut les entretenir que de ces éternels lieux communs de la morale et de ces connaissances préliminaires qui ne diffèrent point d'homme à homme ni d'église à église : à cet âge-là du moins, souffrez que l'école les unisse.

Laissez-leur sentir, ne fût-ce qu'un instant, ce qu'il y a de foncièrement commun et pour ainsi dire d'inné à tous les hommes :

qu'il soit permis à l'école d'insister sur ce qui nous rapproche : les églises et les partis viendront assez tôt leur apprendre ce qui nous divise. Cette sensation de l'unité humaine, sous la forme de l'unité nationale dont l'école est l'image enfantine, n'est pas une donnée négligeable dans l'éducation. Et c'est pour faire au moins entrevoir à la jeune génération cette face des choses volontiers cachée par les écoles confessionnelles qu'il est bon d'ouvrir, à côté de celles-ci, une école nationale, publique et laïque.

La *liberté*, d'autre part. A ceux qu'elle inquiète, nous répondrons dans le même sens :

L'esprit libéral, qui est celui de tout l'enseignement public français, ne vise pas à remplacer d'office une doctrine par une autre. Il n'y a pas, il ne peut pas y avoir de doctrine d'Etat, en dehors de ces rudiments, précieux d'ailleurs, de toute éducation humaine qui sont l'objet de l'instruction obligatoire et qui ne soulèvent aucune contestation.

L'esprit libéral ne demande pas qu'on mette à son service le bras séculier pour l'aider à combattre l'esprit clérical. Tout ce qu'il demande à l'Etat, c'est d'être l'Etat, c'est-à-dire le pouvoir souverain d'une nation qui prétend se gouverner et s'administrer elle-même, qui assume les droits et les devoirs de la souveraineté. En conséquence, il ne peut être question d'un partage d'attributions, d'une sorte de condominium entre l'Etat et l'Eglise.

Il faut bien s'entendre sur les rapports de la société civile avec la société religieuse. A toutes les confessions comme à toutes les formes de la pensée humaine, l'Etat doit la même liberté et le même respect. L'Eglise catholique ne sera pas plus menacée, plus inquiétée, qu'aucune autre dans l'exercice de son culte et dans le développement de ses œuvres. Mais ici se présente la difficulté. L'Eglise ne demande pas à être un des cultes reconnus et respectés. Elle se déclare seule dépositaire de la vérité, seule investie d'un mandat divin, d'un magistère qu'elle ne tient pas de la volonté des hommes. Aussi doit-elle, sous peine de se renier, revendiquer dans le monde une situation hors de pair. De là vient que forcément, sans même en avoir conscience, l'Eglise réclame, sous le nom de droits, de véritables privilèges, sous le nom de régime commun un régime de faveur, sous le nom de garanties, des moyens de pression abusive. Et c'est à cette hégémonie du catholicisme que l'Etat ne peut se plier.

La liberté de conscience est un droit sacré, mais un droit attaché à la personne humaine. Une collectivité n'est pas une personne. Elle ne peut donc invoquer l'inviolabilité absolue de la conscience individuelle pour faire considérer comme intangibles toutes ses conceptions, toutes ses créations corporatives : aucun corps ne peut s'introduire au sein du corps social par sa seule volonté et avec la prétention de se mettre au-dessus des lois.

La liberté du culte ne va pas jusqu'à entraver celle des autres cultes.

La liberté d'association ne va pas jusqu'à obliger l'Etat à considérer comme un contrat d'association libre entre hommes libres le triple vœu par lequel des hommes renoncent à la famille, à la propriété et à la responsabilité personnelle.

La liberté d'enseignement ne va pas jusqu'à dépouiller l'Etat du droit de vérifier si une famille ne frustre pas l'enfant de toute instruction, si un prétendu maître n'est pas un ignorant, un indigne ou un incapable, si un prétendu établissement scolaire ne place pas les enfants dans des conditions inadmissibles pour l'hygiène, pour la moralité ou pour le respect des lois.

Toutes ces limitations portent-elles atteinte à la notion même de liberté ? Seuls pourraient le prétendre les théoriciens de l'anarchisme ou ceux de la théocratie. Toute liberté qui ne serait pas limitée par les autres serait non pas une liberté, mais une négation de la liberté, puisqu'elle opprimerait ou supprimerait toutes celles qui doivent lui faire contrepoids.

Mais si l'Etat peut et doit interdire à l'Eglise, comme à toute autre puissance, d'empiéter sur ses attributions, c'est à la condition que lui-même s'interdise et interdise à tous ses représentants d'entreprendre sur les droits de la conscience. C'est ce qu'exprime imparfaitement, mais avec une clarté suffisante, le mot de « neutralité ». Encore un de ces mots prédestinés, qui alimentent d'interminables controverses. Gardons-nous d'enrichir de nouveaux et oiseux développements la littérature du sujet. Ne suffit-il pas de rappeler de quoi il s'agit, et de qui ? Il s'agit d'enfants de moins de treize ans et de ce que l'école a le droit de leur enseigner à titre obligatoire. Le bon sens crie qu'elle ne peut imposer à tous les enfants que ce qui est approuvé de tous les parents. Pour le reste, idées religieuses, métaphysiques, philosophiques, politiques, sociales, l'Etat s'abstient, il commande à l'instituteur de s'abstenir, parce que l'Etat est honnête homme. Se servir de l'école publique pour ou contre une église ou un parti, ce serait le dernier des abus de confiance. Voilà tout le secret de la neutralité scolaire.

Là non plus, d'ailleurs, il ne faut rien rêver d'absolu. Le contact même qu'établit l'école entre personnes de croyances et d'opinions différentes, maîtres, élèves, parents, leur apprend à se départir d'un excès de rigueur et de certaines exigences pointilleuses qui attesteraient moins le souci de défendre un droit que l'incapacité de supporter la contradiction. Mais dans les limites que le bon sens et la bonne foi se chargent de fixer, l'Etat se refuse à toute ingérence dans le for intérieur, à toute intervention indiscrète, à toute tentation de jeter le poids de son influence dans la lutte des idées. Il donne ou il fait donner : à l'enfant, le minimum des moyens de relation avec ses semblables ; à l'adolescent, les méthodes et les habitudes d'esprit qui lui permettront de penser et d'agir en homme. D'une façon générale et par une discipline, comme on dit ailleurs, toute propédeutique, il les prépare à être les hommes de leur temps et de leur pays, rien de plus. Quant à les obliger ou à les empêcher d'être un jour catholiques ou libres penseurs, conservateurs, radicaux ou socialistes, c'est une tâche dont l'école nationale ne se charge pas. Le plus grand service que la société d'aujourd'hui puisse rendre à celle de demain, c'est de ne pas vouloir la façonner par avance.

Telle est, si l'on ne craignait un terme trop ambitieux, la philosophie du mouvement scolaire contemporain en France.

F. BUISSON

En essayant d'en résumer les principes et d'en caractériser la tendance générale, nous ne nous flattons pas d'avoir fait une démonstration définitive de la valeur de ce plan d'éducation nationale; trop heureux si nous avons donné aux esprits sérieux le désir d'approfondir la question. Nul problème à l'heure présente n'est plus digne de les passionner.

Ferdinand Buisson.

Paris, mai 1913.